Luis Borja

PUS

Copyright © Luis Borja, 2013
Copyright © Editorial del Gabo, 2014
Colección Tripachuca #1 / 2014
ISBN: 978-0-692-24251-3

Arte de cubierta exterior: © Alejandro Marré
Diagramación: Carlos Rosales
Corrección de texto: Rebeca Ávila Urdampilleta

Editorial del Gabo
San Salvador, El Salvador, Centro América
editorialdelgabo.blogspot.com • f /editorialdelgabo

LA POESÍA: UNA ENFERMEDAD CUTÁNEA

¿Es la poesía una enfermedad cutánea? Tras la lectura de Pus uno piensa que no sólo lo es, sino que en ella misma está su propio tratamiento.

Los versos de Luis Borja parten directamente de la psoriasis pustulosa del alma, de las lesiones escamosas e inflamadas de la existencia, de la realidad piogénica del ser, lo cual lo convierten en muestras fehacientes de esa enfermedad hereditaria de la epidermis existencial que ha afectado a ilustres enfermos que van desde Villon a Rimbaud o desde Artaud a Leopoldo María Panero. No en vano las citas iniciales que inauguran las dos partes en que se divide el poemario de Borja ("Células muertas" y "Pus") son del maestro Panero. Nadie que haga de la poesía una cuestión vital y, además, sea capaz de aunar el temblor de la vida con el de la página podría sustraerse al poderoso influjo del gran poeta maldito; así, el homenaje de Luis Borja es patente en numerosos guiños: la imaginería y la simbología que con voluntad recurrente atraviesan la obra (el sapo, la rosa, el gusano, la hez, la ceniza...); la actitud radicalmente rebelde que afecta a todos los estratos del lenguaje; la invocación de temas afines (la muerte, el dolor, la metapoesía e, incluso, aunque sea de forma velada, la infancia)... Pero Pus no constituye, ni mucho menos, un mero tributo a Leopoldo María Panero; todo lo contrario, va mucho más allá: integra hábilmente esos guiños al admirado poeta para hacerlos formar parte, como un recurso más, de su propio y personal discurso poético, fundamentado en el versolibrismo y en una temática esencialmente amorosa y metapoética, que parte de su experiencia vivencial.

La herida purulenta del amor y su efecto autodestructivo late en el fondo de este poemario. El YO lastimado del poeta se dirige a un TÚ tan omnipresente como inaccesible, y su llanto alborotado "se desliza como una herida sobre la tierra/ como una cicatriz sobre tu cara". El TÚ de Pus poco tiene de romántico, tampoco es el TÚ de Neruda - aunque le brinde un gesto irónico: "Me gusta cuando callas porque estás como muerta" -, ni menos el de Salinas; es un TÚ que inspira sentimientos de odio y desesperación, que aboca a la destrucción y al aniquilamiento mutuo: "YO QUE

SOY UN GUSANO PUEDO LLEGAR A PODRIR TU ALMA/ TANTO COMO LA MÍA". La tipografía mayúscula de estos versos, como la de otros, enfatizan la virulencia del mensaje. El odio que flagela el alma del poeta es proyectado a su amada, de tal modo que perfora todos sus días y hasta la desea muerta: "Tiro las cenizas sobre tu cara/ te escupo y mueres (...)/ pero he de morir yo también". Pero consciente de que con la muerte de ella muere también él, le pide, al igual que en la canción "Crystal Ship" de Jim Morrison, que lo bese antes de caer en la inconsciencia: "BÉSAME QUE SE TE ACABA EL TIEMPO Y TU GRITO DE/ MUERTA LO AHOGA LA NOCHE". El poeta prevé su muerte, pero el "rey muerto" no es sino un cadáver ávido de caricias: "poco a poco/ con tus caricias se me caen las escamas/ y es ahí cuando encogido como un feto/ me hundo en el hueco de tu mano...". Sumamente revelador en ese sentido es el desgarrado poema de arrepentimiento que clausura el libro – como si de un canzonière moderno se tratara -, dirigido en esta ocasión a su madre, en el que nos muestra cómo mientras ella acaricia su "mano fría, diciendo que todo va bien", también lame el pus que sale de su cabeza con su beso sereno. La caricia de la madre no le hace olvidar el pus de la existencia, por ello escribe sus agónicos versos: "mamá: ¿te gusta cómo escribo mi muerte?

La materia purulenta de la vida sólo puede hallar su homónimo deseo de ser en la escritura, y en esto sí que Borja está profundamente emparentado con Panero, pues ambos identifican quehacer poético y existencia: "Abierta la herida/ el poema se desangra."

No hay, no existen suficientes apósitos para curar las heridas en la piel de la existencia, sólo el buen poeta cuando las siente –bendito su don– cuenta con el remedio de recrearlas y objetivarlas en el papel, hacerlas extensibles a todos y diluirlas en una suerte de gozosa lectura. En ese sentido Luis Borja se nos revela como un excelente dermatólogo y Pus, el tratamiento ideal.

Joaquín Piqueras
Poeta español

Porque al menos acá pude matarte

I. CÉLULAS MUERTAS

*"...Como si sólo lo que hay no bastara para hundirnos
y construir la poesía como una enfermedad de la piel."*

ORFEBRE. Leopoldo María Panero

Poco a poco
con tus caricias se me caen las escamas
y es ahí cuando encogido como un feto
me hundo en el hueco de tu mano: Soy un parásito.

II.

Frente a tu pupila dilatada
hablo con mi otro yo
encuentro en su voz cansada
la sed ilesa de sus últimos gritos:

                    ¡Por qué me has abandonado!

III.

Lloro invocándote con el corazón hecho piedra
y el llanto alborotado
se desliza como una herida sobre la tierra
como una cicatriz sobre tu cara.

IV.

Abierta la herida el poema es tu nombre infectado
la risa terca del espanto
Abierta la herida
el poema se desangra.

V.

El poema es un gusano
la lengua negra que te nombra
el dios vencido
el arma que te mata.

Estar allí anidado como ropa vieja
como baúl donde las polillas se comen todo:
los sesos, los poemas viejos, las sonrisas y las maldiciones
Ese diálogo entre dios y uno
entre dios y su sonrisa irónica
Es el momento donde las metáforas se vuelven cansadas,
mudas, tristes, pesadas.
Es ese momento
donde todos los poemas se vuelven un grito blasfemando tu
nombre
ese momento donde el poema se vuelve un disparo.

VII.

Tu sonrisa es una palpitación maldita
es la lluvia desangrada sobre tus manos
lo es créeme
por la ceguera que le das a los amantes
para que en su muerte no los lloren.

VIII.

Mi nombre es ese suspiro de neblina que te tragas,
es un poema frío en tu boca
es el vuelo de un pájaro necio con sus alas rotas.

IX.

Prometo caminar sobre tus manos de vidrio cortado
Prometo ser la sombra de tu cuerpo muerto
el beso de humo que se tragan los trenes
lo prometo
Si vienes sobre las alas de una mariposa de papel
a suplicar mi nombre de alma podrida.

El escupitajo
queda colgado como una araña
como un sapo que te lame los labios.

XI.

Pienso si tu alma sangra como la mía,
si tu boca aún grita como la mía.
Y como una mosca vago sin sentido entre la noche,
como un sapo
como un perro
como yo hecho de cenizas
reptando como el príncipe de las heces.

XII.

La noche se me desgrana en lluvia
me golpea en el desierto que se arraiga a la punta de un cigarro
se me hieren los dedos
se me grieta el mundo en los ojos
dibujo sombras sobre el polvo que ha dejado el tiempo
escuchando tu voz quebrada como un vidrio.

XIII.

Ahora mis ojos se pudren como tu cara
y este amor que odio se vuelve suicida
y busco la voz de todo aquello que desconozco
la respuesta exacta a tu cuerpo hecho pedazos
a tus huesos hechos pregunta
a este vacío que deja la boca de dios cuando maldigo tu nombre.

II. PUS

"El poema como un pus
como el grito de mis ojos
como la sombra en el suelo..."
LOCOS. Leopoldo María Panero

I.

Soy un animal dispuesto a masturbarme sobre tu espalda
Ya no lloro
ya no me importa la vida
Es posible que sacrifique venas en tu nombre
pero no quiero flagelar la historia de tu cuerpo
ES POSIBLE QUE TE VEA MUERTA
TE VEA SONRIENTE
Y SOBRE TU BOCA VEA LAS TECLAS DE UN PIANO QUE SE ALEJA
Es posible que sienta el eco de las hojas muertas
Soy un animal dispuesto a cercenar mis rodillas de hueso podrido
a cercenar tu vientre negro
Es posible que orine animales
que orine mantos
que orine tu nombre
mientras me ahogo en este silencio de suicida barato.

NOS VOLVEREMOS A VER

Dios
te ríes saboreando lo amargo que es la vida
te ríes esperando mi grito de boca muerta
Dios
heme aquí como lombriz redimida en el olvido
heme aquí con mi lengua bífida blasfemando tu nombre
constelando atardeceres sobre mi cabeza cubierta de gusanos
Dios
te das vuelta y sonríes de mi pútrida vida tejida de asfalto
Dios blasfemas mi nombre
cuando en mi boca habitan palabras negras que se caen junto a mi piel
Te das vuelta y sonríes
escupiendo mi nombre con inmaculada letanía
Dios
te miro y callas
dios de ángeles muertos
porque mi boca es grande y acribilla tu espalda
Dios me imagino ciego
mientras humillas mi cráneo
como una sombra que se traga la tierra.

A PUNTO G

Sé que mueres y muero contigo
Deja que la luz invada tu cuerpo
quiero verte no la apagues
Deja que te bese hoy que no estás muerta
guardemos silencio
estoy harto de saber mis tristezas
estoy harto de inventarnos locuras
hoy estamos acá eso es todo
Dejemos esa tautología inerte de nuestras vidas
dejemos ese futuro que existirá- pero sin nosotros-
Hoy quiero que me veas
que me implores.
Hoy quiero que duermas escribiendo tu nombre sobre la madrugada
no importa que las moscas defequen nuestras sonrisas cuando muramos
 -nadie sabrá porque reímos-
Hoy sé que las esquinas no guardan tus secretos
si mi nombre se hace viento y lo tragas con tu boca muerta
cuando de pianos llenamos el cuarto
BESAME
QUE SE TE ACABA EL TIEMPO Y TU GRITO DE MUERTA LO AHOGA LA NOCHE
DEJA QUE EL CUARTO NOS ENGULLA EN SU LUZ DESOLADA ANTES QUE NOS
DESCUBRA EL AMANECER QUE MATÓ A LA LUNA

COSAS QUE EL (A)MOR-DIO

Al primer amor
le regalé mis labios envueltos en un papel sencillo
se reía como loca y cantaba como sapo
le regalé mis labios que eran dos rosas tiernas
le regalé mis boca para que la mordiera
A mi segundo amor
le regalé mis letras estaban fosilizadas como una rosa plástica
le regalé mis poemas para que se limpiara el culo
Asombrada
ella me miraba como un búho
hasta que le saqué los ojos y me hice un collar con ellos
Mi segundo amor se reía como un gato: con su mutismo me hacia calaveras
sobre la frente.
A mi tercer amor le regalé mi semen
un nido de pájaros para su garganta pero se la corté para que no cantara
le regalé un pez una sanguijuela y una alfombra de huesos
le regalé parte de mi vida...
por eso la maté
no podía darle algo tan perfecto como mi pudrición
A mi cuarto amor le regalé la luna
la cogió entre sus brazos y la escondió entre sus senos y se fue
Desde entonces todo está negro
ya no hay noches sencillas
ni sapos que rían
ni dioses que crean
Ya no hay poemas
ya no hay cartas
A mi cuarto amor le regalé todo
hasta esa forma de quitarme la vida
Desde entonces me volví un gusano
y ahora infecto la sonrisa de Dios cuando busca su mundo.

LO QUE PABLO QUISO DECIR.
(a propósito de la "intertextualidad")

Me gustas cuando callas porque estás como muerta,
y no me oyes desde lejos, y mis gritos no te tocan.
Parece que los ojos se te hubieran estallado
y parece que las moscas te besaran la boca.
Como todas las mierdas están llenas de mi alma
emerges de las cosas, llena de la mierda mía.
Mariposa de sueño, te devoras mi alma,
Y a las palabras se las comen las polillas.
Me gustas cuando callas y estás como distante.
Y estás como quejándote, moscas en arrullo.
Y te pudres desde lejos, y mis gritos no te alcanzan
Déjame que me calle con el disparo tuyo.
Déjame que te dispare también con tu silencio
frío como una lámpara, simple como guiñar el gatillo
duerme como la noche, callada y aniquilada.
Tu silencio es de pólvora, tan lejano, tan sin brillo.
Me gustas cuando callas porque estás como muerta.
Distante y dolorosa como si fuera cierto.
Una palabra entonces, una sonrisa basta.
Y estoy alegre, alegre que hayas muerto....

II.

Tiro las cenizas sobre tu cara
te escupo y mueve
mueres en cada grito alcoholizado que me sangra en la vida
Te escupo y no tienes miedo
es tu final el que tengo en mis manos
el final helado
el final metálico que expele tu nombre en cada disparo
Te escupo
pero he de morir yo también
moriré esperando ese grito helado que sustenta el revólver
moriremos si
envueltos en el excremento que derramo sobre mis poemas
acompañado de la puta que me repta en la cabeza: la poesía
moriremos si
porque yo soy el rey muerto
el que supura sonrisas infectadas
el que derrama pus sobre tu cuerpo
el que humilla la noche
el que derrama su cerebro sobre el asfalto para escribir entre la basura
el agónico poema

¿has descubierto el sabor de las esquinas? te pregunto
vamos ven
te invito a que descubras la esquina de esta alma podrida
pero ven
ilumina con tu voz esta noche que se alarga sin tu respiro
esta noche de espinas
de humo
de olvido
de esquina
de sangre
esta noche que tu cuerpo se vuelve tumba para sepultar mi amargura

IV

El odio me atrapa como un pulpo
y pienso que todo lo que se mueva debe ser odiado
la ciudad doblada como un anhelo
las avenidas estiradas como un gusano
El odio me atrapa como un pulpo
y soy un perro
el animal y puedo orinarte
reírme de tu cara mojada
tu cara arrugada como un papel
mientras someto tu cuerpo como una pregunta

YO SOY UNA MOSCA...

Yo soy una mosca
un cáncer
algo putrefacto
no te acerques
que tengo veneno en mis manos
que tengo un parasito en el alma
no te acerques
que tu alma se hará marchita como la mía
yo soy una mosca
un bicho un insecto
me prohíbo amar y fecundar tu cuerpo
mi alma se hará de piedra
mi alma se hará nudo de espinas para que no te acerques
me tragaré el morbo vivificante de verte hecha sombra bajo mi cuerpo
porque soy el príncipe de las heces
y sobre ellas castigo mi alma invocando tu nombre como un blues

LECCIONES DE UN VIEJO ZORRO
A propósito de domesticar

Nunca les creas si te dicen que llegarán una hora antes
¡Nunca!
Ellas siempre se tardan maquillándose las mañas
los hechizos que le hacen a la luna
Arrancándose la nostalgia de las pestañas
Despojándose la sonrisita de arlequín
Nunca les creas si te dicen que llegarán una hora antes
¡Nunca!
Se arreglan la agonía de los pasos cansados
El amor mudo de sus dedos
Se tardan recogiendo el sereno agónico de las madrugadas
Se humedecen las arrugas con el sudor
La palpitante furia de su cuerpo
La lluviosa voz cansada
Se alistan eso sí
el orgasmo fingido
Es el desnudo oficio de sus días
La tormenta perdida de sus caderas
Nunca les creas si te dicen que llegarán una hora antes
¡Nunca!
Siempre se tardan
no dejan de ser zorras
Mentir es su manera de domesticarte
Nunca les creas
O dejaras de ser un zorro y serás un perro

V.

Amor
heme aquí
perforando todos tus días con el odio más puro de la sangre
con la ternura más sucia de mi cuerpo
- morderé tu cuerpo hasta verte muerta-
Amor
mírame:
¡YO QUE SOY UN GUSANO PUEDO LLEGAR A PODRIR TU ALMA TANTO
COMO LA MIA!

LAS NOSTALGIA DEL MENDIGO

Vivo en la noche mi día es oscuro es noche también
vivo allí donde habitan esos seres mutantes
he visto ebrios beber de esa fuente llena de mierda
he escuchado esa leve música que los dientes entonan cuando la noche
es tu único cielo
vivo aquí y soy un mutante más
nunca despierto
nunca duermo
acá todo es sueño
todo es irreal
este es el mundo en el que vivo
aun así puedo decir que he vivido
Vivo aquí soy el hombre más feliz del mundo
Amé tanto el pliegue de tu falda
el calor eterno de un pubis
disfruté una a una mis mujeres y sus mentiras
Todo el tiempo la gente creyó que era un vago un alcohólico un loco
hasta el día en que se asesiné a dios

VI.

Llueve Llueve Llueve
se deshacen tus alas de ceniza entre mis manos
llueve
Y revienta un beso diluido gota a gota como una caricia
                                        /que la oscuridad ofrece
Llueve y tus rizos esperan como amantes del delirio que la noche
                                        /nos acaricie como aquella
luz de luna que nos encontró en la madrugada
Llueve
Sin ti
Llueve fuerte
Latido de agua roto como el día que nos robamos la calma

PRIMAVERA DOWN
I

Camino y parto el lomo de esta tierra que me traga
camino y escucho tu voz que sucumbe entre los pájaros
perdida entre el pico que canta tu nombre
y conoces con tu rayo de luz el color de la inocencia
el lenguaje de esa mano que recoge las últimas estrellas de la noche
y bebes el amor húmedo que te regalan las flores
Me miras
rasguñando el color de mi piel
y creas vida con tu boca llena de luna muerta
y es que el amor de tu boca desnuda de colores las flores ofreciendo
aromas frescos entre sus piernas de papel.
Imagina
tu cuerpo virgen con su nombre de niña: lilas ofrecidas sobre los montes.
Rellenarás de flores los senos que la tierra muestra cuando las horas
muten su vientre
y renacerán de ella con un grito de colores sobre tus cabellos de algodón
el cuerpo de una niña que despierta
¡Y todo comienza como un bostezo!

II

La tierra me sonríe con sus dientes de colores
y en mis ojos se desnuda tu cuerpo de amapola virgen
ahora resuena tu mano
tu mano que era un pájaro abrazado a mi pecho
tu mano que volaba como el silencio de las flores
Niña piel de manzana que en el aire desnuda su deseo
es tu voz el susurro de las abejas
un enjambre de nubes
niña menguante de luna
vamos ven y cubre tu cuerpo de sangre
que el sol es una vena rota en tus brazos celestes

mira que tu cuerpo ofrece praderas eternas
y nacen en ti los árboles
que besan el pecho de tu cuerpo celeste
vamos desliza tu amor de carne sobre esta tierra que te llama
vamos despliega de tus dedos mariposas perdidas
vamos deja caer tu suspiro de vida florida que el amor nos bebe a lo
lejos.

III

has crecido
y con tu cuerpo esta psicodelia de flores se me ofrece fusilando mis
ojos
busco atrapar tus senos como orquídeas floreciendo
en este manto de colores extendiéndose
busco tu mano
busco tu pecho relleno de alcanfores y marimbas...

YO SOY ESE CADÁVER AL QUE LAMES LAS HERIDAS
(Para leerse como un susurro)

yo soy ese cadáver al que lames la heridas
yo soy la serpiente que te repta la cintura
yo
el más podrido de los poemas
el que golpea con latidos tu cuerpo
Yo soy ese cadáver que pudre tu agonía por las noches
el que muerde tus miedos espantados en tus labios
el que crucifica tus brazos como una manada de cuervos
el que humilla tu nombre con unas gotas de semen
mírame
adórame
¡yo soy el más lagarto de todos!
el fantasma que me habla desde el espejo
el muerto
el verso putrefacto que te canto al oído
el poema polvoriento que aruño desde mi tumba
Yo soy ese cadáver al que lames la heridas
soy el asesino que por las noches sonríe como loco
soy el ángel un bendito
yo soy un poeta marchito
un papá desterrado tirado sobre las heces
yo
el que muere por enterrar una lluvia de jazmines sobre tus labios
el ángel
el bendito el suicida el que escribe un libro enamorado de poemas
sobre tus senos
yo que soy el amante de tu cintura muda como el viento
puedo hacer que la locura me envuelva en su agonía para romperme
como un grito
Yo soy ese cadáver al que lames la heridas
el que te da un beso en la boca
como una flor de muerto

EL BESO ES UNA HERIDA

Tu boca es profunda como una gruta
y sucia como un río desbordando tus maldades
tu boca es una herida profunda
de ella nacen los pájaros muertos que le cantan al frío
Cada día
cada noche
el beso es una herida tuya
es el llanto que cae en tu sepulcro
y desde la eternidad
lloras queriendo imitar al viento

VII.

Tu cuerpo es una tormenta
habitada por todos mis hijos muertos
ellos tienen el sabor de la lluvia
caen
y caen
como barcos de papel sobre tus manos
temblorosos y espantados alborotan todos los poemas
pero caen
quebrantados por los gritos de la noche
ahí donde las lágrimas no los escuchan
y la resignación de tu muerte se vuelve una letanía

FRENTE AL SEPULCRO

Amor mío
a veces atravieso los días en busca de tus letras
y me siento como un niño sin asombro que no encuentra respuesta
ni luz
ni palabra
estoy ciego
estoy mudo
abatiendo las mañanas que se estallan entre las ventanas
mis ojos como una pregunta estúpida
sellan el vapor de tus manos tibias
se mecen al aplaudir tu adiós muerto
amor mío
frente a ti, mis manos se desangran como un laberinto
gritan la vengativa agonía de tu muerte
como una sensación perpetua de tus ojos cerrados
frente a ti, ebrio como una sombra hambrienta de luz
maldigo el abismo que tu nombre crea
porque qué inmensa es tu muerte que cierra los párpados
venciendo el silencio
porque qué extrañas son mis manos sangradas hablando
a solas con tu cuerpo.
Amor mío
tus huesos hacen una canción tranquila

¿OLVIDO?

Olvidamos la noche
como el BIG-BANG que nació entre tus labios
escupiendo sabandijas entre el silencio
Olvidamos
Nada
Siempre
El recuerdo piromaníaco de tu ausencia tatuada en la pata del escarabajo
que se embriaga
que se masturba
que se fuma silencio
que se jode
que se quema
que se droga silencio
¿olvido?
Vestimenta flaca que baila flaca
en el camino flaca de encontrarme flaca amando flaca
 el bisturí que te olvidará
EN LA NOCHE
EL RON ESCULPE LÁGRIMAS
EN EL ÚLTIMO INSECTO QUE ABSORBIO EL RECUERDO
¿olvido?
Sombras que lloran tu cuerpo
aullando entre el dolor errante de los perros
que muerden el pasado sangrante
que mata
¿Mota?
Oscuridad en el soplido
que mató al escarabajo que sudaba de tus piernas
UN GRITO SE ESTRELLA EN LA PARED
CANTANDO COME AWAY MELINDA
¿Olvido?
¿La noche?
DE LA PALABRA COLGABA LA ÚLTIMA LÁGRIMA
QUE SUICIDÓ LA LUNA

50 Pus / Luis Borja

EPITAFIO

La tierra acostumbrada al sabor de tu sangre pare versos florecidos de hastío
Debo decirte que el grito de los sapos ha demacrado los días
y aquí yace la agonía húmeda que te cantaban los pájaros
yace el extraviado laberinto de tu nombre
la sílaba enferma de un poema
el pánico escrito en la punta de tus dedos
los endurecidos besos de la ceniza

ACTO DE CONTRICIÓN

Para Guadalupe Borja

Amaneció y te echo de menos encerrado en este hueco
/donde la luna es de papel
-todo está vacío-
mis libros son ventanas destruidas en tu ausencia
vamos ven
que todo está frío en este sitio
acá corro poco
ya no sonrío
estoy esperando que todo
/comience de nuevo
salgo y veo negro todo
ahora muero en este espacio gris donde me siento olvidado
mientras lames el pus que sale de mi cabeza con tu beso sereno
mientras tocas mi mano fría diciendo que todo está bien.
Ven y enséñame que la vida es mentira
que la vida es de humo y se va.
(No llores cuando de mi boca salga espuma
y es que muero mientras asustada golpeas mi pecho y todo se borra)
Mira como lloro
cuando dibujo con heces mis sueños sobre esta pared que se hizo eterna
donde mi boca de piano mudo aletea tu nombre de olvido
Ven
y llévame en tus manos arrugadas donde me hago niño
/y toco tu pecho de canela
ese pecho menguante de luna cobijándome como siempre.
MIENTRAS FUMO DE ALQUITRÁN SE HACE TU PELO
y es que el tiempo no nos favorece
nos olvida
y nos aparta de todo
Cuando la tarde caiga comprenderás como todo ha sido en vano
- grito entre estos escombros que se llevan mis ojos-
mira como recojo mi piel destrozada por los perros

pon tu mano de ébano en mis heridas y sana como siempre
como cuando era niño y comía lombrices
como cuando la tierra en mi boca era chocolate y no tierra
como cuando éramos dos penas en la vida y esperabas que creciera
ahora mírame he crecido
y soy olvido hecho ceniza sobre esta tierra
y soy fantasma buuuuu!!!!!!!
¿te asusté?
He crecido y odio todo
incluso ver como el tiempo se ha llevado mi sonrisa
y no encuentro el camino de regreso a casa
ahora he crecido
y me encuentro desnudo viviendo contra el tiempo
haciendo de mis rodillas eunucas trenzas para llegar hasta ti
y es que el estar olvidado en invierno es más triste que morir
                                        /como ola marina sobre
la piedra
tú que sabes de olvido entenderás mejor como me siento
tú que sabes de muerte sabrás mejor como me olvido
y es que ahora todo está muerto
mira como la luna es cubierta por nicotina
mira como la luna está triste y ya no llora
mira como mi luna me ha dejado mutilando lo poco que queda de mí
tú que sabes de desolaciones entiendes que todo está muerto
los pájaros ahora sacan gusanos de su pico -ya no cantan-
sobre mi taza de café veo muertos
y siento el hedor a mierda que transpiro
mira como tu niño se ha hecho añicos aspirando estrellas sobre los vidrios
DE MI BOCA LO ÚNICO QUE SALE ES TU NOMBRE AÑORADO DE
HORIZONTES TIERNOS

ahora mi vida descocida de destinos ya no tiene sentido
y sabes que he jugado con mi muerte intentando hacer de ella
/una travesía completa.
Ahora verás cómo en mis ojos he anidado anocheceres
embriagándome de toda esperanza póstuma
escribiéndote cada letra
-es necesario que te diga que cada letra es un grito del alma mía-
como anhelo de siluetas muertas cuando me hago niño
niño que juega a que todo esto no pasa
con mis años apestados de cloaca citadina de neones fugaces.
Y sin embargo hoy suspiraré miles de palabras y en cada tinta no cabrá
/tu nombre de
amor moreno
viendo como pierdo a mi hijo-te fallé la promesa hecha historia-
a tu nieto vestido de ángel surcándole sonrisas a tu rostro viejo
mamá mira como crucifico mi alma otra vez
mira como estrujo mi alma de papel rasgado
mamá:
¿te gusta como escribo mi muerte?

LUIS BORJA

AHUACHAPAN (agosto de 1985), El Salvador. Licenciado en Letras, por la Universidad de El Salvador. Miembro fundador del Taller de Poesía del Parque (Ahuachapán). Ganador del accésit en la edición XXIV del Premio Internacional de Poesía Jaime Gil de Biedma, con el libro El disparo: Cuentos del Barr(i)o. También es ganador del certamen de Poesía Universitaria, Santa Ana (2006) otorgado por Universidad Católica de El Salvador. UNICAES.

Ha participado en distintas lecturas en Nicaragua, Guatemala, y en El Salvador.

Organizó el RECITAL MAGDALENA TECNICOLOR: una lectura a prostitutas, gays y alcohólicos, BAJO LA LUZ AGONICA: poemas de cantina y CANCION INFLAMABLE PARA UN BURDEL. También participó en el Festival Internacional de Poesía de Occidente de Fundación Metáfora.

Ha aparecido publicado en la Revista literaria Isla Negra, Argentina- Italia; Insólitos, Caminando por el lado salvaje de la literatura, España; Libélula Revisblog, New York. Generación del fin del mundo: Poesía centroamericana comprometida del fin del mundo, Revista hispanoamericana de cultura Otro Lunes (España) y en la Revista Ombligo (México). Antologado en "Invisibles. Antología de Poesía Joven Salvadoreña"(Venezuela). Tiene los poemarios inéditos Diálogos con el espejo, Poemas para evitar la locura y Ensayos de amor bajo las sombras. En preparación Tortugas Fucsias, colección de relatos. Ha publicado Letrosis(2013), San Salvador: THC Editores